강을 건넌 사람들

강득송목사 열두번째 시집

도서출판 **평강**

| 머리시 |

열두번째 시집
강을 건넌 사람들을 내면서

강 득 송

사람은 날마다 새로운 강을 건넌다.

그것을 우리는 삶이라 하고 그 삶을 날마다 톺아가는 것이 이 세상에 태어난 값어치가 된다.

그러나 때로는 그 강을 향한 우리의 삶이 구겨지기도 하고 한편 급진하기도 한다. 그렇게 살아 왔다.

이세 목회를 마친지도 15년이 넘고 그분이 부르실 날이 언제인지를 셈하며 살아가는 시점이다. 이쯤에 열두번째 시집을 엮는다는 것이 감회롭다. 참 어려운 작업이었다.

간밤 꿈에 나와 절친했던 牧友 장병균 목사를 만났다. 뭔가 시사해 주는 일이 있음을 깨닫는다. 그리고 이 시집의 시 주제 성경구절을 병풍으로 제작한 공정식 선생도 만났다.

이 시집을 마지막 꾸리는 날 밤 이 두 분을 꿈길에 만난것이 의미 심장하다. 좋은 시를 쓰고 싶은 것은 시를 쓰는 모든 시인들의 희망이다.

좋은 시 보다 참한 시 인간의 폐부를 찌르는 가슴의 시를 쓰고 싶다. 감히 하나님 말씀인 성경 66권의 성경 구절들을 인용할 수 있다는 것이 하나님의 은혜다. 이 은혜를 계속해서 체험 실천하고 싶다.

하나님 감사 합니다.

목차 Contents

강을 건넌 사람들

제1부 모세오경 / 07

- 빛처럼 좋은 것 어디 있는가
- 노아의 세상
- 아브람
- 유다에게
- 바로에게
- 갈대상자
- 모세
- 출애굽
- 마라의 추억
- 메추라기
- 레위에게
- 신명기
- 첫 번째 사람
- 김상사
- 비전이 없으면 죽는다
- 요셉
- 산파들에게
- 공주여
- 배신자
- 신을 벗어라
- 만나
- 광야 40년
- 셈 공부

제2부 역사서~시가서 / 35

- 여호수아
- 효녀상
- 다윗성
- 나환자 네 사람
- 해방 조국
- 느헤미야여
- 욥을 생각한다
- 사람인가?
- 아름다운 노래
- 그 다음은
- 한나
- 솔로몬의 기도
- 원천
- 에스라에게
- 에스더
- 가을 달 밝은 날
- 헛된 인생

Contents

제3부 예언서 / 55
- 이사야의 복음
- 슬픈 노래
- 다니엘아
- 충해의 계절
- 곁길 걷는
- 가난보다 무서운 삶의 경력
- 성전을 세우라
- 송아지 같이 뛰리라
- 두 가지 죄
- 줄자의 길
- 장가드는 일
- 나의 고백
- 흥망성쇠
- 겸손한 자들아
- 준비하는 자야

제4부 복음서~바울서신 / 75
- 복음의 진수
- 사람의 본분
- 그 분의 마지막 말씀은
- 사랑은
- 자아의 변
- 살다보면
- 좋은 소문을 가지자
- 오직 너 하나님의 사람아
- 이단에게
- 내 뒤에 오시는 이
- 말씀
- 오호라 나는 곤고한 사람
- 새것의 길
- 선물
- 사람들아
- 살다보면 2
- 마음대로 살다가
- 그 한 사람

제5부 일반서신~예언서 / 97
- 믿음은
- 영혼의 구원
- 사랑하는 자들아
- 만남
- 우수한 성도들
- 더하기 그리고 빼기
- 내일
- 거짓의 결말
- 계명으로 사랑하는
- 유다 사도여
- 강을 건넌 사람들

제1부
모세오경
(창세기~신명기)

빛처럼 좋은 것 어디 있는가

빛이여
영원한 빛이여
무신론자도 마지막 숨 쉬기에 찾던 빛이여

광활한 우주도
가을 하늘의 별떨기도
다 못채우는 그리움도
너 없이는 아무것도 아닌 것

있어서 만나는 가난했던 사람들
때로는 부자가 되어 거들먹거려도
너가 없이는 안되는

한마디
사랑이라는 단어도
너 없이는 아무것도 아닌 것

빛이여
너가 있어서 살맛이 난다

하나님이 이르시되 빛이 있으라 하시니 빛이 있었고 (창 1:3)

첫 번째 사람

그들 부부를 아담과 이브(하와)란다
첫사랑을 못 잊고 죽어가는 생명
그 생명이
일으킨 반란

선악과의 보암직도 먹음직도
지혜롭게 탐스런
그 눈매
그래서 우리는 벗었음의 논리에
단추를 잠그고
헛된 지혜의 창을 열었다

첫 번째 사람들의 장난이었다

하나님이 자기 형상 곧 하나님의 형상대로 사람을 창조하시되 남자와 여자를 창조하시고... (창 1:27)

노아의 세상

또 한 세상이 열린 것은
사람이 사람되니
다 패륜되어
악이라는 노리개에 미쳤다

네피림의 당당한 등장
사람이 사람이 아니라
자기노리개에 미쳐
심판의 비를 초대하여
홍수 세상에 겨우 남은 노아의 방주
새 세상으로 인도된 사람은
비둘기의 노래를 들을 수 있었다

노아여 노아여

술에 취한 사람이여

어찌하여
어찌하여 세 갈래
길을 여는가
다 어른 탓이다

1. 사람이 땅 위에 繁盛하기 시작할 때에 그들에게서 딸들이 나니
2. 하나님의 아들들이 사람의 딸들의 아름다움을 보고 自己들이 좋아하는 모든 女子를 아내로 삼는지라
3. 여호와께서 이르시되 나의 靈이 永遠히 사람과 함께 하지 아니하리니 이는 그들이 肉身이 됨이라 그러나 그들의 날은 백이십 년이 되리라 하시니라

(창 6:1-3)

김상사

6.25 참전용사인 선배를 생각한다.
가장 참담한 배신자들 향한 그의 일성(一聲)
항상 머리에 머무르며
떠나지 않는 그 한마디
이승만대통령 덕에 먹고 살면서 이승만 욕하는
우린 어쩌다가 그렇게 살았지

싫건 데리고 산 여인에게
못났다, 그리고
나라살림 거들 내어도
얻는 근성이 충만한 이 백성의 도심 (盜心)
건너도 건너도 끝이 없는 저 강
마음의 강
언제 다시 건너나
김상사 그 말보따리
지금은 잊은지 오래다

1. 太初에 하나님이 天地를 創造하시니라
2. 땅이 混沌하고 空虛하며 黑暗이 깊음 위에 있고 하나님의 靈은 水面 위에 運行하시니라
3. 하나님이 이르시되 빛이 있으라 하시니 빛이 있었고
4. 빛이 하나님이 보시기에 좋았더라 하나님이 빛과 어둠을 나누사
5. 하나님이 빛을 낮이라 부르시고 어둠을 밤이라 부르시니라 저녁이 되고 아침이 되니 이는 첫째 날이니라.

(창 1:1-5)

아브람

또 한 사람
아버지
그 아버지에게는
고향 갈대아우르를
떠나라
인간의 강을 건너라는 명령이 떨어졌다.

일가도 친척도 아버지까지 버리고
낯선 길 그 길을 따라가라 하신다.
출항의 강을 건너라 한다.

이미 잡힌 상투다

---

1. 여호와께서 아브람에게 이르시되 너는 너의 故鄕과 親戚과 아버지의 집을 떠나 내가 네게 보여 줄 땅으로 가라
2. 내가 너로 큰 民族을 이루고 네게 福을 주어 네 이름을 창대하게 하리니 너는 복이 될지라
3. 너를 祝福하는 자에게는 내가 福을 내리고 너를 咀呪하는 자에게는 내가 咀呪하리니 땅의 모든 族屬이 너로 말미암아 福을 얻을 것이라 하신지라

(창 12:1–3)

비전이 없으면 죽는다

시간차의 형님 에서는
그걸로 으스댄다

長男 한번 못해보면
늘 동생이다

그래도 비전 있어 사는 길이 있었다
죽 한 그릇이면 되는 일

구태여 창(槍)을 다듬을 필요 없다
비전 담은 죽 한 그릇이면
쉽게 흥정되는 세상살이

비전의 죽을 쑤자
그러면 이긴다

유다에게

추월의 단어를 가장 사랑하였다
네 번째가 첫 번이 되는
그 장력

사랑이라는 단어를 가장 사랑했었다
자랑쟁이 열 한 번째 동생을
팔아먹은 묘미

그에겐 생명이었다.
클라이맥스는
자신을 던지는 담보노예
사랑할 줄 아는 심상이

찬양의 긍정심
자신을 버릴 수 있는 자신

그는 야곱의 장남으로 추월한
사랑의 화신

장남
세 번째의 성공한 추월

요셉

사랑받은 죄로
비전을 가진 죄로
아버지의 심부름으로 만난 형들의
분풀이
죽음의 구덩이까지 갔던
그는 팔리고 밀리어 감옥까지 갔다가
꿈 해석하고
총리가 되었다 대제국의 권좌를 흔들었다.

이 세상에 가장 슬픈 것이 사랑받지 못함인데
사랑받는 것으로 마감하지 않고
펼친 또 하나의 사랑이 출애굽의 바탕이 되었다

생명을 걸고 고향을 떠나온
이 시대의 필리그램
생명을 걸고 쪽배에 인생살이
요셉이 되라
요셉이 되라

바로에게

대대로 왕노릇한 것은
요셉 때문이었지

망해 가는 나라
꿈을 꾼 한 사람
위증범인의 모함에 끌려
권력의 옥살이에서 이룬
해몽의 나래로
총리가 되어
어스러진 나라를
일으켜 세운 걸 잊은 애굽이다

그런 게 인간인 것을
아담 하와 탓하기보다
먼저 나선 나여!

내가 부끄럽다
손이 부끄럽다

발도 아니
사대육신이 다 부끄럽다

팔순 지나니
부끄러운 것 밖에 없다
그래도 바로 너는 겁낼 줄 알았으니

산파들에게

십보라여
부아여
당신들 앞에서는 할말이 없다

생명을 건 왕과의 한판 승부
그대들이 이겼다

세계의 역사를
새로 쓴 당신들

이기는 역사의 손길에
그들이 있었음이 행복하다

왕명을 버려
역사의 주인공은
당신들입니다

갈대상자

오늘
이 시대에 잠수함
그것도 핵무장한 잠수함
하늘을 나르는 공포탄도 못잡아내는
그 무서운 무기의 원천은
산파들이 만든 갈대상자 배
그 속에 담긴 아기 모세
역사는 거기서부터
시작하였다

강대국 애굽의 패전

여자가 만든 갈대 상자는
옷상자 말고
머리 상자로
지혜 상자로
오늘도 싱거운 남자들의 장난이
유린당한다

슬픈 배신자로 남는 남자들
뭐 먹고 살았나

공주여

스케줄은
그날도
몸이 가려운 애굽 공주를 이끌어
나일강물에 잠기게 했었지

스케줄 없이 띄어 보낸
갈대상자
공주의 눈에 뜨인 그 상자
아기의 울음소리
공주는 그 소리에 가슴 울려 아들 삼고

그 역사
누가 아는가
사람들이여 자신의 역사를 아는가
그분의 스케줄에 매인 나를 아는가
만세전에 캐스팅 된
이 신비
강을 건너는 이 비경(祕經)
그것 아는가

부끄럽다

모세

핵잠수함 보다 더 큰
갈대 상자에 유기된
운명론적인 한 아이는
새로운 역사를 쓰고 있었다

비어버린 생명에 가득 채운
새로운 병법이
그분의 손길에 매여
나일강의 역사를 새롭게 썼다

공주의 아들이라는 세속문화 탈을 벗는 날
그는 메가폰 속의 주인이었다

일거수일투족에 연출된
역사의 수레바퀴
점점 커 가는 모습
지금도 세계사를 주무르는
그 강이
세계를 컨트롤 한다

강을 계속 건너는 그 지혜로

배신자

요셉의 은혜를 잊은 사람들
그들만이 아니었다
자신들의 적을 처치하여 모래묻이에
숨겼다
다음날 싸우는 끼리들을 말리다가 들켜버린
비밀 살인자

얼마를 달렸을까
처참한 망명

그는 민족의 강을 건넜다
미디안 우물가에 만난 아가씨들
르우엘의 딸들과의 스캔들
또 하나의 강이 지나가고 있었다

출애굽

초등학교 육년을 다녀도
하나에서 열까지를 못 헤는 아이가 있었다.
우리 아버지께서는
함께 살던 사람의 글 불통언어를 사용하여
진사 열두 번을 해도 못 알아 보겠다고 하셨다.

1,2,3,4,5,6,7,8,9,10
바보 헤롯은
점층법의 섭리를 몰라
폭망이라는 단어를 주머니에 넣고
우물거리다가
종단점을 찍었다

가슴 끝까지 채워진 욕심이여
그 욕심이 그들을 해방케 하였다

대 출애굽

아직도 숫자 10을 몰라서 동동거리는
불쌍한 백성들
천지에 마구 늘려있다

신을 벗어라

징검다리 시대에
비가 내리면
다 신을 벗고 시내를 건넜다

자신이 있거나
긴가민가한 물 깊이 가늠하여
신을 신고 건너다 빠지면
망신이다

신을 벗을 때 자유롭고
새롭는데
아직도 벗지 못한 신
저벅저벅 건너다 빠지는 날
운명을 접는다

모세는 가시덤불 앞에서
야곱은 광야에서
다윗은 불륜의 현장에서
신을 벗었다

벗는 일에 동참했는가
머리가 어지럽다

노래
너는 불러 보았나
해방의 노래를
승리라는 언어의 묘미를

그걸 알았는가
절대자를 향한 노래를

찬송하라
그는 높고 영화로우심이요
말과 그 탄지를
바다에 던지셨다

이 거룩한 노래를
마지막 생명에서
구츨받은 자의 노래를

어둡고 괴로워라
밤이 깊더니 삼천리 이 강산에
먼동이 틔었네

그 노래를 아는가

마라의 추억

물이 인간을 지배한다
좋은 물
마라의 쓴 물
원망의 아우성이 광야를 넘는다

어떻게 하지
이 마른 목을
해갈의 쓴물이 아닌
단물

던져진 나뭇가지로 치유된

영생으로 솟아나는 나는 물

만나

눈물의 빵을 먹어본 사람이 아니면
인생의 맛을 모른다는데
젖과 꿀이 흐르는 가나안복지에 가기엔
너무나 먼 광야
아픈 발이 입으로 밀려드는 모래바람
그게 문제가 아니다
배곯은 200만
나랏님이 못하는 그 배고픔
원망과 불평

밤새 내린 이슬같은 이 먹거리
이것이 무엇인가
이것이 무엇인가
하루만 꼭 하루만
날마다 내리는 일용할
양식
흐린 해가 더 밝게 보였다

메추라기

어떤 걸인이
왜 걸인이냐고 하니까
양식이 없어서
양식 주니 솥과 냄비가 없다 하였고
그게 마련되니
수저가 없다 그러고
수저가 해결되니
밀려오는 구역충동
머리를 절래 흔드니
몸에서 빠져 나가는 에너지
흔들리는 몸의 무게
그런데 이게 웬일인가
그때 내린 메추라기

우리 마을 바닷가 잔디밭에서
고삐에 걸려 죽은 소를
묻어 둔 소를 파서 나누어 먹을 때
농촌 작은 마을에 내린 메추라기
일본 작은 마을에 아버지가 밤마다 가져온
그 소고기
메추라기다

광야 40년

40세를
불혹이라 했는데
살고 나서
뭘 생각했나
더듬거리기만 한다

악착같이 덤비는 그 불가사의(不可思議)
쓸어 담아도 쓸어 담아도 계속 남아도는
사람 찌꺼기

던져진 첫 번째 편지
구덩이에 마감된
처절한 반론
너는 아는가
보았는가
체험했는가
구름기둥 불기둥 사이에서 맺은
사랑의 현장 체험

레위에게

레위야
제사장 레위야

번제를 드리라
소제를 드리라
화목제를 드리라
속죄제를 드리라

다른 불을 쓰다가 죽은 나답과 아비후를 잊자
희비쌍곡선 무지개 뜨는 날

울어도 웃어도 안되는
불가항력의 자아를
다 태우자

---

1. 여호와께서 會幕에서 모세를 부르시고 그에게 말씀하여 이르시되
2. 이스라엘 자손에게 말하여 이르라 너희 중에 누구든지 여호와께 禮物을 드리려거든 家畜 중에서 소나 양으로 禮物을 드릴지니라
3. 그 禮物이 소의 번제이면 흠 없는 수컷으로 회막 문에서 여호와 앞에 기쁘게 받으시도록 드릴지니라

(레 1:1-3)

셈 공부

때때로 머리를 내밀고
축복해 달란다
그러면 여호와는
네게 복을 주시고
너를 지키시기를 원하며

여호와는
그의 얼굴을 네게 비추사
恩惠 베푸시기를 원하며

여호와는 그 얼굴을 네게로 향하여 드사
平康 주시기를 원하노라
고 한다

이보다 더 큰 축복 어디 있으랴

신명기

또 하나의 축복
모세가 죽기 전에 축복하였다

여호와께서
시내산에서
세일산에서
바란산에서

일만 사람가운데
오른손에 뻔쩍이는 불로
그 사랑을
말씀
최고의 축복이란다

1. 하나님의 사람 모세가 죽기 전에 이스라엘 자손을 위하여 祝福함이 이러하니라.
2. 그가 일렀으되 여호와께서 시내 산에서 오시고 세일 산에서 일어나시고 바란 산에서 비추시고 일만 성도 가운데에 降臨하셨고 그의 오른손에는 그들을 위해 번쩍이는 불이 있도다.
3. 여호와께서 백성을 사랑하시나니 모든 성도가 그의 수중에 있으며 주의 발아래에 앉아서 주의 말씀을 받는도다

(申命記 33:1-3)

제2부
역사서~시가서
(여호수아~아가)

여호수아

시간은 붙잡아도
붙잡아도 간다
너도 떠나고 나도 떠난다

1954년
아흔 아홉 명의 초등 졸업생이
지금 몇 명 남았나

경식이 일성이 안실이
천섭이 인홍이
박성조
그리고 나

여자는 몇 명 남았나
떠나도 무슨 말 남길까

강하고 담대하라
강하고 담대하라

그 메시지가
세상사는 법이다

그 다음은

공짜는 독약도 큰 것 차지하려 한다
전쟁에는 앞장서려는 것 미련한 짓이다

총칼 받이는 피할 때가 지혜롭다

여호수아는 죽었는데
앞장 설 사람 없어
전전긍긍하니
유다에게 내린 작전명령은 선두
총알받이
가나안 족속과의 한판 승부전
앞장서란다

내밀락 내밀락 하는 이 죽음의 현장
뻔한 삼십육계
다음보다 먼저 나서게 하소서

여호와께서 이르시되 유다가 올라갈지니라 (삿1:2)

효녀상

심청전보다
효녀 지은이 보다
더 착하디착한 효녀는
룻이다

시어머니 나오미 보다
더 귀하게 여긴 하나님

믿음의 실천
다른 현장
볼 일이 없다

내게 어머니를 떠나며 어머니를 따르지 말고 돌아가라 강권하지 마옵소서. 어머니께서
가시는 곳에 나도 가고 어머니께서 머무는 곳에 나도 머물겠나이다(룻1:16)

한나

기도의 화신
엘리 제사장도 몰라본 그 깊은 기도

아들 하나 때문에
역사를 바꾼 그 깊은 기도

아들 주시면
하나님께 드리겠다고
술을 마시 않고
머리를 깎지 않겠다는
그 깊은 약속

그는 약속을 지켜
나라를 바꿨다

화장실 갈 때와
올 때가 같은
이 여장부
그 기도

27. 이 아이를 위하여 내가 祈禱하였더니 내가 求하여 祈禱한 바를 여호와께서 내게 許諾하신지라
28. 그러므로 나도 그를 여호와께 드리되 그의 平生을 여호와께 드리나이다 하고 그가 거기서 여호와께 敬拜하니라(삼상 1:27-28)

다윗성

하나님이 없다하며 무신론을 주장하던 놈이
아예 하나님 죽었다 한 사신론자
패망의 나루터에서 울고
다윗성은
하나님이 함께 하므로 강성했다

날마다
또 날마다

다윗이 그 山城에 살면서 다윗 성이라 이름하고 다윗이 밀로에서부터 안으로 성을 둘러 쌓으니라 萬軍의 하나님 여호와께서 함께 계시니 다윗이 점점 强盛하여 가니라
(사무엘 하 5:9-10)

솔로몬의 기도

기도 한번으로 승리한 나라들이 모여
캠페인을 벌인다

지략도
첨단 무기도
다 항복문서에
서명하는데

솔로몬의
한 번의 기도는
우주를 주무르는 역사를 체험한다

지구 안에 기록된
나의 이름 서 자

거듭 입히는 솔로몬의 기도가
나를 감싸고 있었다

내가 네 말대로 하여 네게 智惠롭고 聰明한 마음을 주노니 네 앞에도 너와 같은 자가
없었거니와 네 뒤에도 너와 같은 자가 일어남이 없으리라 내가 또 네가 구하지 아니한
富貴와 榮光도 네게 주노니 네 平生에 왕들 중에 너와 같은 자가 없을 것이라
(왕상 3:12–13)

나환자 네 사람

말씀은 굶주림에 지친
한 민족을 살렸다

사람을 삶아 양식을 삼던 때에
먹을것을 찾아 생명을 걸고
나간 그 걸음
침략군이 버리고 간
전리품

몸은
일그러진 모습이지만
함께한 그분이
가르쳐 준 삶의
역사 한 토막

역사는 긴 이야기가 아니다
한 토막
가느다란 언어와 그 힘

엘리사가 이르되 여호와의 말씀을 들을지어다 여호와께서 이르시되 내일 이맘때에 사마리아 城門에서 고운 밀가루 한 스아를 한 세겔로 買賣하고 보리 두 스아를 한 세겔로 買賣하리라 하셨느니라 (왕하 7:1)

원천

부와 귀가
사람 힘으로 되는 줄 알았다.
그래서 약육강식
이것으로
모든 것이 된다고 생각했다

팔다리 묶어두고
구름만 보면
긴 화품으로 되는 줄 알았다

그런데 보아라
세포 하나까지
제대로 된 것 있는가

그래도 다
제 잘났다고 떠든다

12. 富와 貴가 주께로 말미암고 또 주는 萬物의 主宰가 되사 손에 權勢와 能力이 있사오니 모든 사람을 크게 하심과 强하게 하심이 주의 손에 있나이다.
13. 우리 하나님이여 이제 우리가 주께 感謝하오며 주의 榮華로운 이름을 讚揚하나이다
14. 나와 내 百姓이 무엇이기에 이처럼 즐거운 마음으로 드릴 힘이 있었나이까 모든 것이 주께로 말미암았사오니 우리가 주의 손에서 받은 것으로 주께 드렸을 뿐이니이다

(대상 19:12-14)

해방 조국

더 이상 비 29의 공습은 없었다.
그 밤에 빛나던 비행기가 뿌리는
불빛 구경은 없었고
방공호의 숨바꼭질도 끝이 났다

어른들은 해방이라는 말을 했다
다들 어디론가 떠난다더니
한 사람 한 사람 보이지 않는다

우리도 떠난다고 그랬다 그래서 나고야로 나와서
빈 단추공장 넓은 창고에서 놀았다

줄기차 만들어
뿡뿡 기차놀이 했다

하루꼬 (春子)는 예쁜 눈을 가진 아이였다
그가 모아온 친구 속에
일본 아이들도 있었다

고레스의 마음이 감동되었던 시대
일본 왕이 고상(항복) 했다던 그때
시모노세키 항구에 밀려온 밀감 피도

그리고 망망대해들

큰 파도 속에서도 즐거운 귀국길이었다

유다 예루살렘 전을 건축하러
떠난 사람들
그 마음 그 소리 듣고 싶다

---

22. 히스기야는 여호와를 섬기는 일에 能熟한 모든 레위 사람들을 慰勞하였더라 이와 같이 節氣 칠일 동안에 무리가 먹으며 和睦祭를 드리고 그의 祖上들의 하나님 여호와께 感謝하였더라
23. 온 會衆이 다시 칠 일을 지키기로 결의하고 이에 또 칠 일을 즐겁게 지켰더라

(대하 20:22–23)

에스라에게

그냥 두어도 되는 일입니다
나 하나 잘살면 되는 시대입니다

내가 지은 죄도 아닙니다.
어쩌자고 왕까지 감동하여 내린 칙명
그 고난의 길 걸어
포로의 현장에서 데리고 온 백성들과
허물어진지 오래된 성전을 재건한다.

다들 가시의 성전 신축에 눈이 멀어
시소게임에 몰입하고
옛일 생각하고 울어 댄다

아직도 내 속에 무너진 성전을 버린지 오랜데
에스라여
에스라여
에스라여

백성의 크게 외치는 소리가 멀리 들리므로 즐거이 부르는 소리와 통곡하는 소리를 백성들이 분변치 못하였느니라 (스 3:13)

느헤미야여

나라가 망했다
포로로 끌려간 사람들
70년 이방객 되어 노예로 노예로 살았는데
그까짓 조국 잊을 만한데
신음을 먹다가 먹다가 지쳐 죽을만도 한데
싹으로 남은 줄기 하나 당신은 누구입니까

무너진 성 수축하고
새로운 시대를 열어
호화찬란한 귀국 귀족자리 버리고
가장 연약한 지반으로 들어가
겸손한 삶을 보여준 지도자다운 지도자

보세요 다들 가을 타작마당에 짚단 하나 들었다고
그 공 혜는 시대에
가장 허름한 집을 택한 당신은 누구입니까?
느헤미야여

---

1. 백성의 지도자들은 예루살렘에 居住하였고 그 남은 백성은 제비 뽑아 십분의 일은 거룩한 성 예루살렘에서 居住하게 하고 그 십 분의 구는 다른 城邑에 거주하게 하였으며
2. 예루살렘에 居住하기를 自願하는 모든 자를 위하여 백성들이 福을 빌었느니라

(느 11:1-2)

에스더

역사의 한 틈에 끼어
왕비로 간택된 행운의 여자

유관순
김마리아
우리에게 있었던 누나들
나라를 위하여 생명을 걸었던
그들 생각에
왕비 에스더를 생각합니다

내가 죽으면 죽으리라
그 한마디는
나를 위한 마지막 선언

우리나라를 지킨
많은 누나 왕비를
그 반열에 올려놓습니다

당신은 가서 수산에 있는 유다인을 다 모으고 나를 위하여 禁食하되 밤낮 삼 일을 먹지도 말고 마시지도 마소서 나도 나의 侍女와 더불어 이렇게 禁食한 후에 規例를 어기고 왕에게 나아가리니 죽으면 죽으리이다 하니라 (에 4:6)

욥을 생각한다

동방의 의인 욥
고난의 강을 건너는 바로미터

들어보라

내가 母胎에서 알몸으로 나왔사온즉
알몸이 그리로 돌아가올지라
주신 이도 여호와시오
거두신 이도 여호와시오니
여호와의 이름이 讚頌을 받으실지니이다

삶의 한 모서리가 아니다
내 맘 한 복판에
우뚝 서 있는 다짐이다

원망으로 불평으로 얼룩진
삶의 모서리마다 찍혀있는 문신
삶이 끄트머리에 몰려있는 한숨
한줌도 허락되지 않은
아름다운 삶을 배우자

이 모든 일에 욥이 犯罪하지 아니하고 하나님을 向하여 怨望하지 아니하니라. (욥 1:22)

가을 달 밝은 날

시를 읽는다 복 있는 사람으로 시작된 시
절절이 폐부를 찌르는 감동
희망
그리고
간절하다 못하여
저려지는 삶의 무게

시냇가에 심은 나무가 되고
그 아들에게 입 맞추고
내 영혼을 소생시켜
의의 길로 가게 하신다

밤새 읊고 가슴에 새겨도
못다한 환희
언제까지 읽다 머물까

호흡이 있기에
호흡이 있기에
이 시로 찬양이라는
단어를 알게된다

1. 福있는 사람은 惡人들의 꾀를 따르지 아니하며 죄인들의 길에 서지 아니하며 傲慢한 자들의 자리에 앉지 아니하고
2. 오직 여호와의 律法을 즐거워하여 그의 律法을 晝夜로 黙想하는도다 (시 1:1-2)

사람인가?

인생 시험장에
너도 사람이냐는 질문을 만난다
쓸 답이 생각나지 않아
백지 답안을 내고
쓸쓸히 시험장을 나선다

때로 듣는 항의문 한 장 쓴다
글쎄 그럴까
나도 모르는 답을 되묻는다

인생 팔십 더 살아도
모르는 답안지
앞이 캄캄하다

잠언은 그런 나에게 제시한다
여호와를 경외하는 것이 지식의 근본이라고
그런데 나같이 미련한 자는 지혜와 훈계를 멸시 한단다

얼마나 바르게 살고 있는가

여호와를 경외하는 것이 지식의 근본이어늘 미련한 자는 지혜와 훈계를 멸시 하느니라
(잠 1:7)

헛된 인생

종종 꿈에 어머니를 만난다
어머니 잊을 수 없는 어머니
그러다 깨면 허허롭다
참 인생이구나 하고 혼자 외친다

전도자는 헛되고 헛되니
모든 것이 헛되다고 하는데
그런데 움켜쥐고
희희낙낙하고
아 참 외롭다고 외치고

어릴 때 만난 소녀도 그 예쁜 모습도
말끔한 피부도 다 떠났는데
소리 소문 없이

천년 살 듯이 움켜쥔 시간 어쩌지
헛되고 헛되니 다 헛되다고
외치고 외치며 바라보는 가을 하늘

3. 해 아래에서 수고하는 모든 수고가 사람에게 무엇이 유익한가
4. 한 세대는 가고 한 세대는 오되 땅은 永遠히 있도다
(전 1:3-4)

아름다운 노래

나 같은 음치가 노래하면 민폐인데
얼마나 외쳤는가
마을 시끄럽다고
찾아와 사정하는 꽃내 후배들
그리고 소리지르다 몽둥이 들고 찾아온
최동섭형
정말 미안 죄송합니다

그때 함께 했던
이동주 강덕만 강춘석 김용출 김천섭
지금 덕만이와 용출이와 천섭이만 남고
다 떠났네

"나는 나의 사랑하는 자에게 속하였네
그가 나를 사모하구나 나의 사랑하는 자야
우리 함께 들로 가서 동네에서 유숙하자"
참으로 그렇다
그 노래 부르지 못하고 몸만 늙었다

예루살렘 딸들아 내가 노루와 들사슴을 두고 너희에게 부탁한다 사랑하는 자가 願하기
전에는 흔들지 말고 깨우지 말지니라 (아 3:5)

제3부
예언서
(이사야~말라기)

이사야의 복음

착각이라는 자유를 주웠다
그래서 맘대로 살았습니다

그런데 이사야여
웬
말씀입니까?

> 그는 실로 우리의 疾苦를 지고 우리의 슬픔을 당하였거늘 우리는 생각하기를 그는 懲罰을 받아 하나님께 맞으며 苦難을 當한다 하였노라 그가 찔림은 우리의 허물 때문이요 그가 상함은 우리의 罪惡 때문이라 그가 懲戒를 받으므로 우리는 平和를 누리고 그가 채찍에 맞으므로 우리는 나음을 받았도다 우리는 다 羊 같아서 그릇 행하여 각기 제 길로 갔거늘 여호와께서는 우리 모두의 罪惡을 그에게 擔當시키셨도다

그게 그때의 일만은 아니지요
이 놀라운 이사야 선지자의
이 복음

우리는 다 羊 같아서 그릇 행하여 각기 제 길로 갔거늘 여호와께서는 우리 모두의 罪惡을 그에게 擔當시키셨도다

두 가지 죄

죄 중 큰 죄가 무엇입니까

살인, 강도, 강간, 사기, 배임
다 큰 죄입니다
벌금 내고 징역 살고
아니면 사형입니다

그런데 그보다 더 큰 죄가 있습니다

생수의 근원을 버린 죄
생수 찾는다고
터진 웅덩이를 팠습니다
빗물도 가두지 못하는
그런 웅덩이를

그게 큰 죄입니다
나는 지금
그 현행범입니다

내 百姓이 두 가지 惡을 행하였나니 곧 그들이 生水의 根源되는 나를 버린 것과 스스로 웅덩이를 판 것인데 그것은 그 물을 가두지 못할 터진 웅덩이들이니라 (렘 2:13)

슬픈 노래

피보다 더 진한 사연에
찢기운 마음이
무너져 가는 비탈길에서
잠시후의 형극을 망각한 채
희열의 노래를 부릅니다

풍파가 일고 흑암이 장막에 내릴 때
한 없는 과거의 죄상에 못이겨
발버둥과 아우성으로 가슴을 쥐어뜯는
최후의 발광이여

자멸이 있고
영원을 잃은 시점에서
내일을 구가하는 창백한 모습들에
거룩한 자의 섭리를 따라 내린
새로운,
그 선고가 내렸으니

59분 60초
찬란했던 열매는 떨어지고
나무는 메말라 죽어 가는데

발광하는 암사슴의 몸부림이여

타 오르는 열정으로 쌓아 올린 죄악의 성

눈물은
강이 된 눈물은
문이 닫힌 이후이기에
헛되기도 무참한 독백이었습니다

가시길 걸어
시온의 새날이 동 틀때가지
눈물보다 슬픈 마음을 찢고
광명의 새 빛 아래 살아가렵니다

- 1965년 봄 내산기도원에서 예레미야 애가를 읽고 -

여호와여 우리를 主께로 돌이키소서 그리하시면 우리가 주께로 돌아가겠사오니 우리의 날들을 다시 새롭게 하사 옛적 같게 하옵소서 (렘애 5:21)

줄자의 길

선거가 불붙을 때 줄자 하나를 받았다
숨겨진 의도는 한 표 이거다
나의 한 표가 무슨 위력이 있겠는가
그래도 내게 건넨 사람은 믿는 구석이 있어서
그런다

하나님의 줄자에 측량되면
얼마일까?

내가 또 내 靈을 너희 속에 두어 너희가 살아나게 하고 내가 또 너희를 너희 故國 땅에
두리니 나 여호와가 이 일을 말하고 이룬 줄을 너희가 알리라 여호와의 말씀이니라
(겔 37:14)

다니엘아

탁월한 청년
포로가 된 그 나라에서
똑똑한 청년으로 지혜자로
대제국 포로인 주제에
계략의 올무 사자 굴에 던져지고
제국 왕은 밤잠을 설쳤다

찬란한 영성의 대결에
승리의 개가를 부른
움츠러진 세계 그 앞에
무릎 꿇은 왕의 절규 좀 들었으면 좋겠다
안중근 의사 처럼, 윤봉길 처럼 김구, 이승만 처럼
박정희, 이명박 같이,

왕이여 왕이여
이 사자 굴에 밤을 지샌 다니엘이여
이 악한 사자 굴을 이길 왕이여
이 시대의 다니엘
그가 어디 있습니까

智慧있는 자는 穹蒼의 빛과 같이 빛날 것이요 많은 사람을 옳은 데로 돌아오게 한 자는 별과 같이 永遠토록 빛나리라 (단 12:3)

장가드는 일

남자에게 가장 어려운 수수께끼는
장가드는 일이다

청년 호세아에게 내린 오더는
음탕한 여인 고멜이다

시키는 대로 장가들어
낳은 아들 이름은 이스르엘
그 다음 낳은 딸은 로루하마
아리송한 잉태로 낳은 자녀다

다른 사람에게 연애 받아 팔려간 그를
사랑하라고 값을 치르고 찾아오라 하신다

양수 형이 생각난다
좀 모자라는 아내와 살다가 찾아온 사창가의 처제와
살았다.
며느리는 그게 못마땅하여
이혼선언하고 떠났다
누굴 탓하랴
전쟁이라는 이데올로기 싸움에 희생한 그들의 시간

무섭다 더 참담한 인간전쟁
나에게 그러라면 어쨌을까
호세아여
그 위대한 사랑의 戰士여

누가 智惠가 있어 이런 일을 깨달으며 누가 聰明이 있어 이런 일을 알겠느냐 여호와의 도는
正直하니 義人은 그 길로 다니거니와 그러나 罪人은 그 길에 걸려 넘어지리라 (호 14:9)

충해의 계절

파충이가 남긴 것을
메뚜기가 먹고

메뚜기가 남긴 것을 늣이 먹고
늣이 남긴 것을 황충이 먹었다

후여! 후여!
가을 새쫓기를 해 보았는가
'새 쫓으러 가는 노인 밥' 만큼 이라는 말이 왜 생겼는가
그 넓은 들판에 그들 쫓기에 더 힘든데
소식(小食)으로 지른 고함 들었는가
요엘은 더 무서운 재해를 먹으며
고독의 쓴잔을 들고 외친다

때가 온다3
사람이 바뀌는 때가 온다

자녀들이 예언하고
젊은이가 환상을 보고
늙은이가 꿈을꾼다

누구든지
주의
이름을 부르는 자는
구원을 얻는다

여호와께서 그의 軍隊 앞에서 소리를 지르시고 그의 陣營은 심히 크고 그의 命令을 행하는
자는 强하니 여호와의 날이 크고 심히 두렵도다 당할 자가 누구이랴 (욜 2:11)

나의 고백

쓸쓸하다
추석이 지나니 더 쓸쓸하다
나에게 남은 인생의 길이만큼
나의 죄 줄이 길길 따라 오기에

잠들 사이까지
깨어날 날을 생각한다는 것
자체가 사치다

그 사치에 쌓여
자아 계산을 한다

그래서
그래서

하나 둘
그러다 초대된 불청객

죄여 죄여
나의 곁에서 떠나라

여호와께서 萬國을 罰할 날이 가까웠나니 네가 행한 대로 너도 받을 것인즉 네가 행한 것이 네 머리로 돌아갈 것이라 (오바댜 1:15)

곁길 걷는

양잿물도
좋아한다는 큰 것을
부끄럽게 하는
작은 고을
베들레헴
거기서 일어나는 우주의 역사
처음의 역사가 재현되는

상고에서부터
영원까지 있기를 원하는
역사의 현장에
우리의 지금이 있다

베들레헴 에브라다야 너는 유다 족속 중에 작을지라도 이스라엘을 다스릴 자가 네게서
내게로 나올 것이라 그의 根本은 上古에 永遠에 있느니라 (미 5:2)

흥망성쇠

흥도
망도
성쇠가
어디 있는가

자신의 힘으로
능한 손길이
우리에게 있다고
일생 손발 틔었는데
너는 생명 난이도에
계산되지 않는 전자계산기의 오타수준
그걸 알고 있는가

이미 난 상처를
늘 폐쇄 당하는 생명줄

그것도 모르고 살아가는,

네 傷處는 고칠 수 없고 네 負傷은 重하도다 네 消息을 듣는 자가 다 너를 보고 손뼉을 치나니 이는 그들이 항상 네게 行悖를 당하였음이 아니더냐 하시니라 (나훔 3:19)

가난보다 무서운 삶의 경력

1945년 겨울
우리 가족은 귀국이라는
단어를 타고
부모님들의 고향
경남 남해군 삼동면 동천리 1563번지
거길 왔다

다 가난에 찌든
모습 모습들

앞집에 사람들이 모여
우굴거리기에
구경삼아 가보니
이상한 벌레를 빙빙 돌리고 있었다

번데기의 생산지
다들 맛있다고 잘 먹는데
치미는 구역질이 이를 거부하여
맛을 못보았다
지금까지

비록 무화과나무가 茂盛하지 못하며 포도나무에 열매가 없으며 감람나무에 소출이 없으며 밭에 먹을 것이 없으며 우리에 양이 없으며 외양간에 소가 없을지라도 나는 여호와로 말미암아 즐거워하며 나의 救援의 하나님으로 말미암아 기뻐하리로다 (합 3:17-18)

겸손한 자들아

누가 겸손한가
교만치 않는자이다

누가 그런자인가
여호와의 규례를 지키는 자란다

공의
겸손
그걸 구하며 사는 자가

진노하는 날에
숨김을 받는단다

선하신 그 분이
지키시는 나라가
가까운 곳에 있다.

내 마음 깊이에
숨겨진 비밀

여호와의 規例를 지키는 세상의 모든 謙遜한 자들아 너희는 여호와를 찾으며 公義와 謙遜을 구하라 너희가 혹시 여호와의 분노의 날에 숨김을 얻으리라 (습 2:3)

성전을 세우라

나의 소위를 살펴보라는데
답할 말이 없습니다

판박한 집에 살면서
황무한 성전을 방치 하는 자

할 말이 없습니다

산에 올라가서
나무를 베어다가
성전을 건축하라신다

하늘이 이슬을 내리고
한재가 끝나고
수고하는 모든일이
풍요의 잔으로
가득하다는 이 환희
약속된 복이라신다

너희는 산에 올라가서 나무를 가져다가 聖殿을 建築하라 그리하면 내가 그것으로 말미암아 기뻐하고 또 榮光을 얻으리라 여호와가 말하였느니라 (학개 1:8)

준비하는 자야

먼저 회개하는 자가 되자
목자를 치면 양이 흩어지듯이
내 짝된 자같이
다 함께 새로운 세상을 체험하니
준비가 더 기쁜 완성
그 미래를

왕관 쓴 스룹바벨아
너의 준비는 무엇이냐

회개도 모르고 살아가는
이 시대
이 아픔
회개하지 못하는 이 비극

萬軍의 여호와가 말하노라 칼아 깨어서 내 牧者, 내 짝 된 자를 치라 목자를 치면 양이 흩어지려니와 작은 자들 위에는 내가 내 손을 드리우리라 (스가랴 13:7)

송아지 같이 뛰리라

우리 조상 아담 하와(이브)
그분들이 쌓아 놓은 성을
불의로 거듭 쌓아둔
어둠의 창조현장

우리가 늘어놓은 어지러움
어떻게 하지
어떻게 하지

이처럼 자유가 늘려있는데

외양간에서 뛰어나온 송아지 인생

내 이름을 敬畏하는 너희에게는 公義로운 해가 떠올라서 治療하는 光線을 비추리니 너희가
나가서 외양간에서 나온 송아지 같이 뛰리라 (말 4:2)

제4부
복음서~바울서신
(마태복음~빌레몬서)

복음의 진수

세리 마태는
나사렛 랍비를 만나
그가 하나님임을 알았다
세관도 친구도
다 버리고 떠났다

그가 받은 복음은
'受苦하고 무거운 짐 진 자들아
다 내게로 오라
내가 너희를 쉬게 하리라'

'나는 마음이 溫柔하고 謙遜하니
나의 멍에를 메고 내게 배우라
그리하면 너희 마음이 쉼을 얻으리니
이는 내 멍에는 쉽고
내 짐은 가벼움이라' 하셨다

복음의 진수로
우리에게 다가온
그 말씀

가슴에 담자
삶으로 실천하며
하늘의 뜻을 바라보자

受苦하고 무거운 짐 진 자들아 다 내게로 오라 내가 너희를 쉬게 하리라
나는 마음이 溫柔하고 謙遜하니 나의 멍에를 메고 내게 배우라 그리하면 너희 마음이 쉼을
얻으리니 30,이는 내 멍에는 쉽고 내 짐은 가벼움이라 하시니라 (마 11:28–30)

내 뒤에 오시는 이

— 세례요한의 고백 —

그분은
그분은 능력의 하나님

자기를 숨기고
자신의 길을 열었다
나는 그분의 신발끈 풀기도 못한다는
고백

나는
물로 세례를 주지만
내뒤에 오시는 이는
물과 성령의 능력으로 세례를 베푼단다

할만한 자기 위상 자랑도 다 깔아뭉개고
뒤에 오시는 분을 소개하고 있었다

겸손한
그의 심성은
사람으로 받은 것이 아니다

내 뒤에 오시는 그 능력의
역사의 현장

그 현장에 있는 자들은
하나님의 사람

그가 傳播하여 이르되 나보다 능력 많으신 이가 내 뒤에 오시나니 나는 굽혀 그의 신발끈을 풀기도 勘當하지 못하겠노라 나는 너희에게 물로 세례를 베풀었거니와 그는 너희에게 聖靈으로 세례를 베푸시리라 (막 1:7-8)

사람의 본분

몇 명이 모이느냐
예배당 평수는 얼마냐
네가 받는 연봉은

그래 성공한 목회자
그 교회의 개의 꼬리도 높다

관리자도 코가 높은
그런 시대에 우리가 살고 있다

슬프디 슬픈 사람들

주라 그리하면 너희에게 줄 것이니 곧 후히 되어 누르고 흔들어 넘치도록 하여 너희에게 안겨 주리라 너희가 헤아리는 그 헤아림으로 너희도 헤아림을 도로 받을 것이니라 (눅 6:38)

말씀

그래서 우리가 살고 있습니다
그가 우리와 함께 하셔서
생명을 유지하고 있습니다

태초부터 함께 하신 분이 랍니다

만물도 세상도
다 그와 함께 하셨습니다

때때로
공허한
고독이라는 단어가
판치는 세상에

"영접하는 자 곧 그 이름을 믿는 자들에게는
하나님의 자녀가 되는 권세를 주셨으니"

할말이 없습니다

太初에 말씀이 계시니라 이 말씀이 하나님과 함께 계셨으니 이 말씀은 곧 하나님이시니라 그가 太初에 하나님과 함께 계셨고 萬物이 그로 말미암아 지은바 되었으니 지은 것이 하나도 그가 없이는 된 것이 없느니라 (요 1:1-3)

그 분의 마지막 말씀은

오직 성령이 너희에게 임하시면
너희가 권능을 받고
예루살렘과 온 유대와
사마리아와
땅끝까지 이르러 내 증인이 되리라

받는 것 보다 중요한 증인 되는 일
그래서 오순절에 내린
역사
인간이 뒤집어 지는
새로운 역사

어쩌지
우리보다 더 놀라운 변형
오순절에 일어난 방언역사
아 하나님 감사합니다

오직 聖靈이 너희에게 臨하시면 너희가 權能을 받고 예루살렘과 온 유대와 사마리아와 땅 끝까지 이르러 내 證人이 되리라 하시니라

오호라 나는 곤고한 사람

오직
의인은
믿음으로
말미암아 살리라

의인은 없나니
하나도 없느니라

그러니
그러니
믿음 하나만으로
구원에 이르자

곤고한 인생사 믿음 하나로 살자

내가 福音을 부끄러워하지 아니하노니 이 福音은 모든 믿는 자에게 救援을 주시는 하나님의 能力이 됨이라 먼저는 유대인에게요 그리고 헬라인에게로다 福音에는 하나님의 義가 나타나서 믿음으로 믿음에 이르게 하나니 記錄된 바 오직 義人은 믿음으로 말미암아 살리라 함과 같으니라 (로마서 1:16-17)

사랑은

사랑이 없는 사회가 있습니까
사랑이 없는 가정이 있습니까
사랑이 없는 나라가 있습니까

방언도 천사의 말 예언에 능하고
산을 옮길만한 믿음이 있고
모든 재산을 구제비로 내놓고
몸까지 불사르게 내어 주어도
사랑이 없으면 아무것도 아니랍니다

그래서 믿음 소망 사랑은 언제나 있어도
그 중에 제일이 사랑이랍니다

이 거룩한 사랑이여
나는 그 근처에도 못갔습니다

그런즉 믿음, 소망, 사랑, 이 세 가지는 항상 있을 것인데 그 중의 제일은 사랑이라
(고전 13:13)

새것의 길

우리 젊은 시대
유행했던 말 가운데
신사는 새것을 좋아한다
숙녀는 더 새것을 좋아한다 고했다

어느 날
헌 양복을 입고 잔치집에 가라기에
잔치집에 가는 것 포기했다

나의 못된 심보
시대는 무척 변하고
달라진 상황에도
변함 없는 나
이 졸열한 심사

슬프다 너무 슬프다
내가 슬프다

그런즉 누구든지 그리스도 안에 있으면 새로운 被造物이라 이전 것은 지나갔으니 보라 새 것이 되었도다 (고후 5:17)

자아의 변

내 속에 살아계신 분이 누구인가

때로는 마귀가 죄악이
때로는 알지 못하는 무엇이
나를 컨트롤 하고 있지 않는가

성령의 청소 당번은
관념을 뛰어 넘고
체계를 부수어

십리 안개속의 모기 뒷다리 보듯
애매모호한 내 보기에
김빠져 나가는 모습들

내 속에 계신 분은 누구인가
아직도 멀어진 모습
내속에 살아 있음을 보자
한 알의 밀알로 심기어
풍성한 성령의 계절을 만나자

내가 그리스도와 함께 十字架에 못 박혔나니 그런즉 이제는 내가 사는 것이 아니요 오직 내 안에 그리스도께서 사시는 것이라 이제 내가 肉體 가운데 사는 것은 나를 사랑하사 나를 위하여 자기 자신을 버리신 하나님의 아들을 믿는 믿음 안에서 사는 것이라 (갈 2:21)

선물

가장 좋은 선물이 무엇인가 하면
구원이다

힘으로도
인품으로도
안되는

자랑이 아닌
최고의 프리센트

바울의 고백 속에 젖어있는
찬란한 고백

빛의 사람으로 살고
사랑을 입은 자녀같이 살고
남편은 남편으로
아내는 아내로
자녀는 자녀로 살아가는
선물

도둑질하는 자는 다시 도둑질하지 말고 돌이켜 가난한 자에게 救濟할 수 있도록 자기 손으로 수고하여 善한 일을 하라 (엡 4:28)

살다보면

같이 사는 생인데도 각각 다르다
오늘이 오늘 같고
어제가 어제 같은데
사람마다 분깃마다 달리서
기뻐하기도 하면서
슬퍼한다

내속에 착한 일을 행하시는 이가 있어서
행복하다

같은 눈으로 보는 황혼이
삶의 패턴에서 달라진다

같이 살고 같이 살아도
선한 길을 원하는 것은
내 속에 살아계신 이가
행하는 것이니
나의 생을 컨트롤 하신 그분이
이끄는 길로 나는 간다

너희 안에서 행하시는 이는 하나님이시니 자기의 기쁘신 뜻을 위하여 너희에게 所願을 두고 行하게 하시나니 모든 일을 怨望과 是非가 없이 하라 (빌 1:13-14)

사람들아

인간은 인간일 때 행복 합니다
인간이 자신이 인간임을 알 때 더 행복합니다

그 행복은 내안에 계시는 그리스도로 인하여
성취됩니다

아내들이여
남편에게 복종하라
남편들아
아내를 사랑하라
자녀들아
부모에게 공경하라
부모들아
자녀를 격노케 하지 말라
종들아 모든 일에
상전에게 눈가림으로 하지 말라

주께 하듯이 하라
위에 것을 바라보며

그러므로 너희가 그리스도와 함께 다시 살리심을 받았으면 위의 것을 찾으라 거기는 그리스도께서 하나님 우편에 앉아 계시느니라 위의 것을 생각하고 땅의 것을 생각하지 말라
(골 3:1-2)

좋은 소문을 가지자

우린 어떤 소문을 가지고 살아가는가
날마다 쓰는 나의 자서전에
무수한 사람들에게 보여지는
적나라한 것들

교회여
전도지 전하는 것도
전도용품 주는 것도
커다란 건물 짓는 것도
사람들이 많이 모이는 것도
중요하지만
마을 벽마다 게시된 포스터에
클로즈 업 되어있는
나의 얼굴

잘난 인물이 아닙니다
인기 절정의 환호도 아닙니다
소문입니다
그 소문이 그립습니다

주의 말씀이 너희에게로부터 마게도냐와 아가야에만 들릴 뿐 아니라 하나님을 향하는 너희 믿음의 所聞이 각처에 퍼졌으므로 우리는 아무 말도 할 것이 없노라 (살전 1:8)

살다보면 2

누군가 나에게 어떻게 살아가느냐 하면
항상 기뻐하고
쉬지 말고 기도하고
범사에 감사하라
성령을 소멸치 말고
예언을 멸시치 말고
모든 것에 좋은 것을 취하고
악은 모양이라도 버리라

어떻게 살아가고 있는가
정말 잘 살고 싶다

平康의 주께서 친히 때마다 일마다 너희에게 平康을 주시고 주께서 너희 모든 사람과 함께 하시기를 원하노라 나 바울은 親筆로 문안하노니 이는 편지마다 표시로서 이렇게 쓰노라 우리 주 예수 그리스도의 은혜가 너희 무리에게 있을지어다 (살후 3:16-18)

오직 너 하나님의 사람아

입어도
먹어도
한마디 말을 해도
나는 이 말씀 앞에 기가 죽는다

오직 너 하나님의 사람아 이것들을 피하고 義와 敬虔과 믿음과 사랑과 忍耐와 溫柔를 따르며 믿음의 善한 싸움을 싸우라 永生을 취하라 이를 위하여 네가 부르심을 받았고 많은 證人 앞에서 선한 證言을 하였도다 (딤전 6:11-12)

마음대로 살다가

여기서 발을 멈추면
달아 오르는 열기로
휴식한다

영혼의 한 깃점에서
새어 나오는 자아의 무더기
마음의 쓰레기장에서
나를 찾다가 지친다

어디쯤 왔는가
헤어 보는 나의 나침판

새어버린 영혼의 즙 틀에서
건질 수 없는 지난날의 아픔

남보는 눈으로 나를 보고
그러다 안되면 펼치는 성경
토씨 하나까지 역동하는
생명의 트림

아! 나는 헛살았구나
말씀 앞에서 다시 본다
나를

모든 聖經은 하나님의 感動으로 된 것으로 敎訓과 責望과 바르게 함과 義로 敎育하기에 유익하니 이는 하나님의 사람으로 온전하게 하며 모든 선한 일을 행할 능력을 갖추게 하려 함이라 (딤후 3:16-17)

이단에게

머리는 같은데 꼬리가 달라서
걸려 넘어진 여우 한 마리

여우 굴에 와서 투덜댔다
다 자르자고

자기 실수로 짤린 꼬리
그걸 없애자는 자가당착적 궤변에
박수치는 우매자들

다 함께 간다
지옥이라는 슬픈 자아의 길로

異端에 속한 사람을 한두 번 訓戒한 후에 멀리하라 이러한 사람은 네가 아는 바와 같이 腐敗하여 스스로 定罪한 자로서 죄를 짓느니라 (딛3:10–11)

그 한 사람

인류 역사는
한 사람 아담으로부터 시작하여
길빗대서 나온 여자의 우지좌지에 머물며
역어 왔다

빌레몬
그 한사람에게 건 기대는
또 한사람의 역사를 일군다

사랑으로 위로로 만든
사랑의 스토리

당신은 그 자리에 서서
혼자 아름다웠습니다

혼자의 아름다움이
모두의 아름다움입니다

兄弟여 聖走들의 마음이 너로 말미암아 平安함을 얻었으니 내가 너의 사랑으로 많은 기쁨과
慰勞를 받았노라 (몬 1:7)

제5부
일반서신~예언서
(히브리서~요한계시록)

믿음은

믿음 없이 되는 것이 없어서
믿음을 삶의 최우선으로 삼았다

믿음 없는 세상을 알지 못했다
부모가 부모인것도
믿음 없이 인정하지 못하여
믿음의 각인을 가슴에 찍고
살아간다
그것없이 삶의 방법이 없다
그래서 믿음을
바라는 것들의 실상이요
보지 못하는 것들의 증거라고 했다

창조를 참된 역사를 에녹의 승천을
노아를 아브라함을 사라의 노산을
이삭의 존재를 야곱을 요셉을 모세의 도강을
기드온 바락 삼손 입다 사무엘 다윗
자기 존재도 지금이라는 이 시간도
이 우주의 과거도 현재도 미래도 다

믿음없이 되는 것 없는 이 한정된 공간에
우리는 삶의 역사를 꾸민다
그 믿음없이 사는 길 없기에

믿음은 바라는 것들의 실상이요 보이지 않는 것들의 證據니 先進들이 이로써 證據를 얻었느니라 믿음으로 모든 世界가 하나님의 말씀으로 지어진 줄을 우리가 아나니 보이는 것은 나타난 것으로 말미암아 된 것이 아니니라 (히 11:1-3)

내일

내일을 알수 없어서
날마다 뒤지는 수첩이
무한대의 수치에 말려서
미로에 끌린다

어찌 하나요
지금은 지금뿐인데
잠시 보이다가 없어지는 아침 안개 속에
허우적이는 영혼 한 줌
내일 갈길을 더듬는
이 형장

가자
또 하나의 길로

來日 일을 너희가 알지 못하는도다 너희 生命이 무엇이냐 너희는 잠깐 보이다가 없어지는 안개니라. 너희가 도리어 말하기를 주의 뜻이면 우리가 살기도 하고 이것이나 저것을 하리라 할 것이거늘 이제도 너희가 虛誕한 자랑을 하니 그러한 자랑은 다 惡한 것이라 그러므로 사람이 善을 행할 줄 알고도 行하지 아니하면 罪니라 (약 4:14-17)

영혼의 구원

육을 다듬던 부자는
그날 밤 무대에서 거지 나사로를 만났습니다.
자신이 빠진 이
찬란한 구상의 착각

보지 못한 것과
알지 못한 것
그 속에 갇힌
그 모습
한 방울의 물이 필요한
교만을 넘습니다

잃은 것 하나가
얽은 것 하나가
다 잃어 버렸습니다

예수를 너희가 보지 못하였으나 사랑하는도다 이제도 보지 못하나 믿고 말할 수 없는 榮光스러운 즐거움으로 기뻐하니 믿음의 결국 곧 靈魂의 救援을 받음이라 (벧전 1:8-9)

거짓의 결말

말세에 들끓는 이단의 득세
창궐하는 허위의 상황
허욕에 찬 사람들의 흔들림이
악의 뿌리로 뻗어 간다

사단의 마지막 계략은
이단을 조종하여
영성을 흔들었다.

하나님은 우리에게 한 사람도
멸망치 않기를 바라시는데
그들을 영적 무장해제 하도록 하는
이단들
거짓말 하는 무리들
그들을 버리자

주의 約束은 어떤 이들이 더디다고 생각하는 것 같이 더딘 것이 아니라 오직 주께서는
너희를 대하여 오래 참으사 아무도 滅亡하지 아니하고 다 悔改하기에 이르기를 원하시느니라
(벧후 3:9)

사랑하는 자들아

사랑이 없이 어떻게 살아요
사랑이 있어야 산대요
사랑 없이는 살길이 없답니다

삶의 평행선 스케줄에 실려
사는 길은 사는 길은 사랑이라고
노래하고
노래한다

하나님께 속한것이어서
그분께서 우리를 사랑하기 위하여
독생자를 십자가에 내어 주셔서
사랑의 표제를 보여 주시고
체험하라고 하여
사랑하므로 행복하고
사랑하므로 하나님을 알게 하신다

사랑하는 자들아
사랑하면서 삶의 가치를 알자

사랑하는 자들아 우리가 서로 사랑하자 사랑은 하나님께 속한 것이니 사랑하는 자마다
하나님으로부터 나서 하나님을 알고 사랑하지 아니하는 자는 하나님을 알지 못하나니
이는 하나님은 사랑이심이라 (요일 4:7-8)

계명으로 사랑하는

계명은 명령 같아서
도외시로 체험하는데
사랑이 계명이라네요

제일 계명
제이 계명
제삼 계명
……….
……….
다 사랑이랍니다

또 사랑은 이것이니 우리가 그 誡命을 따라 행하는 것이요 誡命은 이것이니
너희가 처음부터 들은 바와 같이 그 가운데서 행하라 하심이라 (요이 1:6)

만남

사랑의 축복
장로는 사랑하는 가이오
곧 나의 참으로 사랑하는
자에게 편지 하노라
네 영혼이 잘됨같이
네가 범사에 잘되고 강건하기를
내가 간구 하노라

만남처럼 귀한 것 없습니다
만남처럼 좋은 것 없습니다
만남처럼 아름다운 것 없습니다

사랑하면 그분을 만난답니다
악한 것이 떠나고
선한 것에 담기고
악을 버리고 선을 행하는 것이
증거랍니다
사랑하는 것이 만남이라니
그것이 행복입니다

사랑하는 자여 惡한 것을 본받지 말고 善한 것을 본받으라 善을 행하는 자는 하나님께
속하고 惡을 행하는 자는 하나님을 뵈옵지 못하였느니라 (요삼 1:11)

유다 사도여

예수님의 동생
형제에 대한 불신에서 벗어나
사도로 등극하여
서신서를 기록하여
믿음의 모습을 보였습니다

사랑하는 자들에게 보내는
이 권면
거룩한 믿음 위에 자신을 세우며
성령으로 기도하며
하나님의 사랑 안에서
자신을 지키며
영생에 이르도록
그리스도의 긍휼을
기다리라신데

아
겉모양만 거룩한
오늘의 성도여
목사여
장로여
권사여

집사여
어디서 무엇 합니까?
더욱이
나여!

사랑하는 자들아 너희는 너희의 지극히 거룩한 믿음 위에 자신을 세우며 聖靈으로 기도하며
하나님의 사랑 안에서 자신을 지키며 永生에 이르도록 우리 주 예수 그리스도의 矜恤을
기다리라 (유 1:20–21)

우수한 성도들

이 세상이 그러듯이 교회 안에도
똑똑한 사람들이 많은데
다들 하나님의 나라에 가면
누가 인정받는가

예언의 말씀을 읽는자가 우수하다 그런다
예언을 듣는자 라고 할 수 있다
그러나 읽고 듣고 행하는 자라는 결론

그런자가 복이 있다는 것을
밧모섬에서 사도 요한은
처음 메시지로 받았다

사랑의 서곡이 섬바람과
쓸쓸함을 헤치고
크게 들렸다

이 豫言의 말씀을 읽는 자와 듣는 자와 그 가운데에 記錄한 것을 지키는 자는 福이 있나니 때가 가까움이라 (계 1:3)

강을 건넌 사람들

우린 강을 건넌 사람으로 살기 원합니다
처음에는 작은 씨알로 심겨진
강을 건너는 사람이 되고
두 번째의 강을 건너 인간이 됩니다

여기 보내진 메시지
물과 성령으로 거듭나
처음사랑을 회복하라
죽도록 충성하라
회개하라
적은 능력으로 큰일 하라
살아있는 자가 되라
미지근하지 말라고 하십니다

이 일을 극복하는 강을 건넌 그
사람이 되라 하십니다

귀 있는 자는 성령이 교회들에게 하시는 말씀을 들을지어다 (계 3:22)

더하기 그리고 빼기

농민학교를 운영할 때
특수한 학생 하나를 만났다

2더하기 3은 모른다
20원 더하기 30원 하면 50원이란다

너무 신비하여
아무리 물어도 묵묵부답

지금도 그런 사람많다
수학은 천재인데
전자계산기를 만들어 내는데

IT 문화 기재인데
인생의 세가지를 모른다

강을 건너지 못한 사람들
너무 많다

강을 건너자
모세가 되자
작은 예수가 되자

18. 내가 이 두루마리의 豫言의 말씀을 듣는 모든 사람에게 證言하노니 만일 누구든지 이것들 외에 더하면 하나님이 이 두루마리에 기록된 災殃들을 그에게 더하실 것이요

19. 萬一 누구든지 이 두루마리의 豫言의 말씀에서 제하여 버리면 하나님이 이 두루마리에 記錄된 생명나무와 및 거룩한 성에 참여함을 제하여 버리시리라

20. 이것들을 證言하신 이가 이르시되 내가 眞實로 속히 오리라 하시거늘 아멘 주 예수여 오시옵소서

(계 22:18-20)

강을 건넌 사람들

강득송목사 열두번째 시집

인쇄일	2024년 11월 20일
발행일	2024년 11월 30일
지은이	강득송
디자인	도서출판 평강
펴낸곳	도서출판 평강
	창원시 마산합포구 남성로 28
	☎ 055) 245-8972
	E-mail. pgprint@nate.com

· 도서출판 평강과 저자의 서면 동의 없는 무단 전재 및 복제를 금합니다.
· 저자와의 협의에 따라 인지는 생략합니다.

ISBN 979-11-89341-34-3 03600

※ 이 시집은 한국예술인복지재단 지원을 받아 제작한 책자입니다.